A Susan Clark

LIBRA

Una guía para la mejor vida astrológica

STELLA ANDROMEDA

ILUSTRACIONES DE EVI O. STUDIO

cincotintas

Introducción   7

I.

Conoce a Libra

II.

Libra en profundidad

III.
Quiero saber más

Introducción

En el pronaos del templo de Apolo en Delfos había una inscripción con la frase «Conócete a ti mismo». Se trata de una de las ciento cuarenta y siete máximas, o normas de conducta, de Delfos y se le atribuyen al propio Apolo. Más adelante, el filósofo Sócrates amplió la idea y afirmó que «una vida sin examen no merece ser vivida».

Las personas buscamos el modo de conocernos a nosotras mismas y de encontrar sentido a la vida e intentamos entender los retos que plantea la existencia humana; con frecuencia, recurrimos a la psicoterapia o a sistemas de creencias, como las religiones organizadas, que nos ayudan a entender mejor la relación que mantenemos con nosotros mismos y con los demás y nos ofrecen herramientas concretas para conseguirlo.

Si hablamos de los sistemas que intentan dar sentido a la naturaleza y a la experiencia humanas, la astrología tiene mucho que ofrecernos mediante el uso simbólico de las constelaciones celestes, las representaciones de los signos zodiacales, los planetas y sus efectos energéticos. A muchas personas les resulta útil acceder a esta información y aprovechar su potencial a la hora de pensar en cómo gestionar su vida de un modo más eficaz.

¿Qué es la astrología?

En términos sencillos, la astrología es el estudio y la interpretación de la influencia que los planetas pueden ejercer sobre nosotros y sobre el mundo en el que vivimos mediante el análisis de sus posiciones en un punto temporal concreto. La práctica de la astrología se basa en una combinación de conocimientos fácticos acerca de las características de esas posiciones y la interpretación psicológica de las mismas.

La astrología es más una herramienta para la vida que nos permite acceder a sabiduría antigua y consolidada que un sistema de creencias. Todos podemos aprender a usarla, aunque no tanto como herramienta para adivinar o ver el futuro, sino como una guía que nos ofrece un conocimiento más profundo y una manera más reflexiva de entender la vida. La dimensión temporal es clave en astrología y conocer las configuraciones planetarias y las relaciones entre ellas en puntos temporales concretos puede ayudarnos a decidir cuál es el momento óptimo para tomar algunas de las decisiones importantes en nuestra vida.

Saber cuándo es probable que ocurra un cambio significativo en nuestras vidas como consecuencia de configuraciones planetarias específicas, como el retorno de Saturno (p. 103) o la retrogradación de Mercurio (p. 104), o entender qué significa que Venus esté en nuestra séptima casa (pp. 85 y 98), además de conocer las características específicas de nuestro signo zodiacal, son algunas de las herramientas que podemos usar en nuestro beneficio. El conocimiento es poder y la astrología puede ser un complemento muy potente a la hora de enfrentarnos a los altibajos de la vida y a las relaciones que forjamos por el camino.

Los 12 signos zodiacales

Cada uno de los signos del Zodíaco tiene unas características que lo identifican y que comparten todas las personas que han nacido bajo él. El signo zodiacal es tu signo solar, que probablemente conoces, ya que acostumbra a ser el punto desde el que empezamos a explorar nuestros senderos astrológicos. Aunque las características del signo solar pueden aparecer de un modo muy marcado en la personalidad, solo ofrecen una imagen parcial de la persona.

La manera como nos mostramos ante los demás acostumbra a estar matizada por otros factores que merece la pena tener en cuenta. El signo ascendente también es muy importante, al igual que la ubicación de nuestra Luna. También podemos estudiar nuestro signo opuesto, para ver qué características necesita reforzar el signo solar para quedar más equilibrado.

Una vez te hayas familiarizado con tu signo solar en la primera parte del libro, puedes pasar al apartado Quiero saber más (pp. 74-105) para empezar a explorar las particularidades de tu carta astral y sumergirte más profundamente en la miríada de influencias astrológicas que pueden estar influyéndote.

Los signos solares

La tierra necesita 365 días (y cuarto, para ser exactos) para completar la órbita alrededor del Sol y, durante el trayecto, nos da la impresión de que cada mes el Sol recorre uno de los signos del Zodíaco. Por lo tanto, tu signo solar refleja el signo que el Sol estaba atravesando cuando naciste. Conocer tu signo solar, así como el de tus familiares, amigos y parejas, no es más que el primero de los conocimientos acerca del carácter y de la personalidad a los que puedes acceder con la ayuda de la astrología.

En la cúspide

Si tu cumpleaños cae una fecha próxima al final de un signo solar y al comienzo de otra, vale la pena saber a qué hora naciste. Astrológicamente, no podemos estar «en la cúspide» de un signo, porque cada uno de ellos empieza a una hora específica de un día determinado, que, eso sí, puede variar ligeramente de un año a otro. Si no estás seguro y quieres saber con exactitud cuál es tu signo solar, necesitarás conocer la fecha, la hora y el lugar de tu nacimiento. Una vez los sepas, puedes consultar a un astrólogo o introducir la información en un programa de astrología en línea (p. 108), para que te confeccione la carta astral más precisa que sea posible.

Tauro

El toro

✳

21 ABRIL - 20 MAYO

Aries

El carnero

✳

21 MARZO - 20 ABRIL

Astrológicamente, es el primer signo del Zodíaco y aparece junto al equinoccio vernal (o de primavera). Es un signo de fuego cardinal simbolizado por el carnero y el signo de los comienzos. Está regido por el planeta Marte, lo que representa dinamismo para enfrentarse a los retos con energía y creatividad. Su signo opuesto es el aéreo Libra.

Tauro, con los pies en la tierra, sensual y aficionado a los placeres carnales, es un signo de tierra fijo al que su planeta regente, Venus, ha concedido la gracia y el amor por la belleza a pesar de que su símbolo sea un toro. Acostumbra a caracterizarse por una manera de entender la vida relajada y sin complicaciones, si bien terca a veces, y su signo opuesto es el acuático Escorpio.

Géminis

Los gemelos

✦

20 MAYO – 20 JUNIO

Géminis es un signo de aire mutable simbolizado por los gemelos. Siempre intenta considerar las dos caras de un argumento y su ágil intelecto está influido por Mercurio, su planeta regente. Tiende a eludir el compromiso y es el epítome de una actitud juvenil. Su signo opuesto es el ardiente Sagitario.

Cáncer

El cangrejo

✦

21 JUNIO – 21 JULIO

Representado por el cangrejo y la tenacidad de sus pinzas, Cáncer es un signo de agua cardinal, emocional e intuitivo que protege su sensibilidad con una coraza. La maternal Luna es su regente y la concha también representa la seguridad del hogar, con el que está muy comprometido. Su signo opuesto es el terrestre Capricornio.

Virgo
La virgen
★

22 AGOSTO - 21 SEPTIEMBRE

Virgo, representado tradicionalmente por una doncella o una virgen, es un signo de tierra mutable, orientado al detalle y con tendencia a la autonomía. Mercurio es su regente y lo dota de un intelecto agudo que puede llevarlo a la autocrítica. Acostumbra a cuidar mucho de su salud y su signo opuesto es el acuático Piscis.

Leo
El león
★

22 JULIO - 21 AGOSTO

Leo, un signo de fuego fijo, está regido por el Sol y adora brillar. Es un idealista nato, positivo y generoso hasta el extremo. Representado por el león, Leo puede rugir orgulloso y mostrarse seguro de sí mismo y muy resuelto, con una gran fe y confianza en la humanidad. Su signo opuesto es el aéreo Acuario.

Escorpio

El escorpión

✦

22 OCTUBRE – 21 NOVIEMBRE

Como buen signo de agua fijo, Escorpio es dado a las emociones intensas y su símbolo es el escorpión, que lo vincula así al renacimiento que sigue a la muerte. Sus regentes son Plutón y Marte y se caracteriza por una espiritualidad intensa y emociones profundas. Necesita seguridad para materializar su fuerza y su signo opuesto es el terrestre Tauro.

Libra

La balanza

✦

22 SEPTIEMBRE – 21 OCTUBRE

Libra, un signo aéreo cardinal regido por Venus, es el signo de la belleza, del equilibrio (de ahí la balanza) y de la armonía en un mundo que idealiza y al que dota de romanticismo. Con su gran sentido de la estética, Libra puede ser artístico y artesanal, pero también le gusta ser justo y puede ser muy diplomático. Su signo opuesto es el ardiente Aries.

Sagitario

El arquero

★

22 NOVIEMBRE - 21 DICIEMBRE

Representado por el arquero, Sagitario es un signo de fuego mutable que nos remite a los viajes y a la aventura, ya sea física o mental, y es muy directo. Regido por el benévolo Júpiter, Sagitario es optimista y rebosa de ideas. Le gusta la libertad y tiende a generalizar. Su signo opuesto es el aéreo Géminis.

Capricornio

La cabra

22 DICIEMBRE - 20 ENERO

Capricornio, cuyo regente es Saturno, es un signo de tierra cardinal asociado al esfuerzo y representado por la cabra, de pisada firme pero a veces también juguetona. Es fiel y no rehúye el compromiso, aunque puede ser muy independiente. Tiene la disciplina necesaria para una vida laboral como autónomo y su signo opuesto es el acuático Cáncer.

Acuario

El aguador

✷

21 ENERO – 19 FEBRERO

A pesar de que estar simbolizado por un aguador, Acuario es un signo de aire fijo regido por el impredecible Urano, que arrasa con las ideas viejas y las sustituye por un pensamiento innovador. Tolerante, de mente abierta y humano, se caracteriza por la visión social y la conciencia moral. Su signo opuesto es el ardiente Leo.

Piscis

Los peces

✷

20 FEBRERO – 20 MARZO

Piscis tiene una gran capacidad para adaptarse a su entorno y es un signo de agua mutable representado por dos peces que nadan en direcciones opuestas. A veces confunde la fantasía con la realidad y, regido por Neptuno, su mundo es un lugar fluido, imaginativo y empático, en el que acostumbra a ser sensible a los estados de ánimo de los demás. Su signo opuesto es el terrestre Virgo.

Conoce a

I.

Libra

El signo que el Sol estaba
recorriendo en el momento en
el que naciste es el punto de
partida clave a la hora de usar
el Zodíaco para explorar tu
carácter y tu personalidad.

Signo de aire cardinal, simbolizado por la balanza.

Regido por Venus, el planeta asociado a la diosa romana de la belleza, la fertilidad, la prosperidad y el amor.

SIGNO OPUESTO

Aries

LEMA PERSONAL

«Yo equilibro.»

Color

El azul en todos sus matices y sobre todo en tonos pastel.
Estos tonos fríos y armoniosos denotan un estilo sofisticado
(y en absoluto atrevido, llamativo o chillón) que es el
epítome de Libra. Lleva ropa de estos colores y conecta
con la energía de Libra cuando necesites un empujoncito
psicológico o un extra de valor y, si no quieres vestir de azul
de la cabeza a los pies, opta por incluirlo en los accesorios
(zapatos, guantes, calcetines, sombrero o incluso
ropa interior).

Día

El viernes. El último día laborable de la semana (para la mayoría de personas) y cuando el trabajador Libra ya puede empezar a pensar en el descanso. *Viernes* procede de la expresión latina *Veneris dies*, es decir, 'día de Venus', planeta por el que está regido.

III.

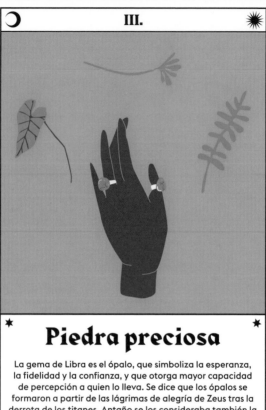

Piedra preciosa

La gema de Libra es el ópalo, que simboliza la esperanza, la fidelidad y la confianza, y que otorga mayor capacidad de percepción a quien lo lleva. Se dice que los ópalos se formaron a partir de las lágrimas de alegría de Zeus tras la derrota de los titanes. Antaño se los consideraba también la piedra preciosa de los reyes.

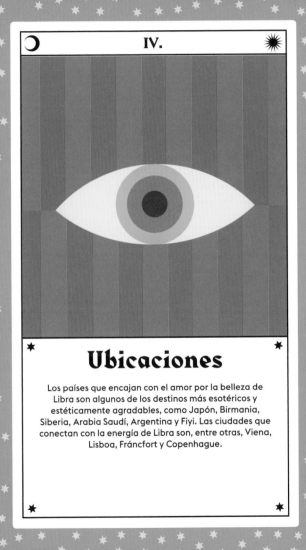

Ubicaciones

Los países que encajan con el amor por la belleza de
Libra son algunos de los destinos más esotéricos y
estéticamente agradables, como Japón, Birmania,
Siberia, Arabia Saudí, Argentina y Fiyi. Las ciudades que
conectan con la energía de Libra son, entre otras, Viena,
Lisboa, Fráncfort y Copenhague.

Vacaciones

Para relajarse, Libra necesita un entorno bello, un lugar donde desconectar y algo que estimule su volátil intelecto, por lo que algunas de sus vacaciones preferidas incluyen destinos culturales con gran cantidad de arte o de arquitectura, música o danza, sobre todo cuando se trata de destinos urbanos. Los festivales de música también pueden atraer a Libra, aunque será mejor que la oferta de alojamiento sea más glamurosa que una mera tienda de campaña, porque Libra y los campos embarrados casi nunca son una buena combinación.

VI.

Flores

Las magníficas flores de la hortensia azul conectan con el sentido estético y con el estilo de Libra, al igual que los cosmos y su amplia variedad de tonos azules.

VII.

Árboles

El elegante almendro, con sus bellas y aromáticas flores,
está alineado con Libra, así como el alto y oscuro ciprés
o el olivo, que evoca la paz.

VIII.

Mascotas

Libra ama la belleza y el lujo y anhela experimentar un afecto recíproco, por lo que el juguetón spaniel King Charles, de pelaje sedoso, es una mascota ideal para este signo.

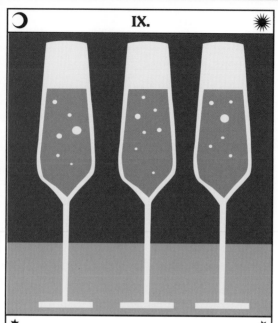

Fiestas

Libra acostumbra a organizar fiestas glamurosas y con una planificación impecable, que evocarán más una elegancia y un equilibrio helénicos que el desvarío de una fiesta celebrada por el Sombrerero Loco de *Alicia en el país de las maravillas*. Como corresponde a un signo de aire, Libra es un signo alegre y social al que le gustan las bebidas burbujeantes: es probable que la carta de bebidas ofrezca un cóctel de champán con una deliciosa *crème de pêche de vigne*, para darle el rubor del melocotón.

Las características de Libra

Equilibrio, armonía y diplomacia son los términos clave que describen a Libra. Tiende a crear paz y se vale de su gran elocuencia para calmar y aplacar los ánimos. También sabe escuchar y es el signo menos beligerante del Zodíaco. Eso no significa que a Libra no le guste debatir; muy al contrario, le encanta sopesar los pros y los contras de las situaciones e intentar equilibrar ambas partes, como corresponde a la balanza que lo simboliza. Lo motiva un gran sentido de la justicia y es muy objetivo, por lo que puede ver las dos caras de una situación. Con frecuencia, la capacidad de dar prioridad al pensamiento racional sobre las emociones puede jugar a su favor, aunque también puede hacer que parezca reservado y distante. De hecho, llevada al extremo, la capacidad de ver todas las caras de una situación se le puede volver en contra, porque los demás pueden acabar desconfiando de la tendencia de Libra a intentar complacer a todo el mundo siempre. Este acto de malabarismo se puede parecer demasiado a limitarse a ver las cosas desde la distancia y Libra ha de recordar la importancia de decir lo que piensa y siente si quiere comunicar bien, incluso a riesgo de molestar a alguien.

Esta misma búsqueda de equilibrio y armonía se puede manifestar también en el gusto o el talento por lo artístico, ya sea admirando la belleza o creándola él mismo, mediante su propio esfuerzo artístico, la decoración de su hogar o algo tan sencillo como una mantelería exquisita. El buen gusto de Libra acostumbra a hacerse evidente en la elegancia de su atuendo. Incluso si lleva colores llamativos, los coordinará a la perfección y les dará un aire refinado gracias a la atención que presta a los detalles. Lo que para otros puede ser un lujo, para Libra es una necesidad, ya se trate de café artesano recién molido, de sábanas de algodón egipcio de 600 hilos o de manicuras regulares y cortes de pelo a la última.

Libra tiene buen carácter y es buena compañía, sociable, sin complicaciones y buen conversador. Sin embargo, con frecuencia tiene muchos conocidos pero pocos amigos íntimos. De hecho, todo el equilibrismo emocional que hace mentalmente puede generar una sensación de incertidumbre que, en ocasiones, se puede confundir con autosuficiencia o indiferencia. En realidad, las relaciones son esenciales para Libra, que las necesita para equilibrarse y para medrar, por lo que es muy importante que aprenda a gestionar estas contradicciones. Una vez haya forjado un vínculo de confianza, la ambivalencia quedará superada.

AGITAR EL AIRE

Las características clave de cualquier signo Solar se pueden ver equilibradas (y en ocasiones reforzadas) por las características de otros signos en la misma carta astral, sobre todo los que corresponden al ascendente y a la Luna. Eso explica que pueda haber personas que aparentemente no acaban de encajar en su signo solar. Sin embargo, los rasgos Libra básicos siempre estarán ahí como una influencia clave e informando el modo de entender la vida de la persona.

La parte física de Libra

Libra tiene una gracia y un refinamiento naturales que su porte realza aún más, ya sea hombre o mujer. No acostumbra a lanzarse de cabeza como hace Aries, su signo opuesto, sino que adopta una postura más reflexiva que se refleja en su lenguaje corporal y en sus movimientos. Tiene buena coordinación y, por lo general, también buena postura, por lo que las actividades físicas que requieren tener equilibrio (como la gimnasia o el baile) se le dan bien sin esfuerzo. El aspecto también es importante para este signo y no se olvidará de mantenerse en forma ni llevará calcetines desparejados. De hecho, Libra estará elegante incluso vestido con pantalones de chándal.

Salud

Libra es propenso a sufrir problemas renales y en la zona del sacro. También tiende a tener la piel sensible y puede sufrir brotes de acné. Mantener el equilibrio ácido/alcalino en el organismo promoverá la función renal y eliminará las toxinas del cuerpo, lo que también ayudará a mantener una piel sana. Beber mucha agua mantendrá equilibrado el nivel de fluidos, algo que los riñones agradecerán, y también es importante que duerma las horas suficientes y haga ejercicio físico, para equilibrar la energía. En concreto, es importante que Libra haga ejercicio que lo ayude a mantener una buena postura y a reforzar las regiones lumbar y sacra de la espalda.

Ejercicio físico

A Libra le irá bien hacer ejercicio suave con regularidad y, si incluye ejercicios específicos para reforzar la espalda, mejor que mejor. Bailar o hacer ejercicio al ritmo de la música es una buena opción y la elegancia del tai chi y del Pilates también atraerá a Libra, además de reforzar la faja abdominal y la espalda. Le será más fácil perseverar si el ejercicio es agradable estéticamente en algún sentido.

Cómo se comunica Libra

Libra es un signo de aire y acostumbra a ser extraordinariamente capaz de expresar sus ideas, porque la comunicación verbal se le da bien de forma natural. Le encantan las palabras y jugar con ellas, por lo que disfruta de las conversaciones y de los debates, aunque su capacidad para sopesar constantemente los pros y los contras de cualquier situación puede llevarlo a alargarse cuando, a veces, un sí o un no sería más que suficiente. Y, aunque elogia cuando el elogio es merecido, si se lo preguntas estará igual de dispuesto a explicarte exactamente por qué, efectivamente, ese pantalón te queda mal. Su capacidad para hablar queda equilibrada por su capacidad para escuchar, que hace de Libra un confidente fiable y objetivo. De todos modos, Libra debe recordar que, muchas veces, el movimiento se demuestra andando, no hablando, y que la conducta puede ser tan elocuente como las palabras.

La carrera profesional de Libra

Como otros signos de aire, en el terreno profesional Libra tiende a destacar en el mundo de las ideas y del intelecto. Esto se puede evidenciar en una afinidad con la palabra hablada, el debate y la negociación, o con la escritura, ámbitos en los que la habilidad con las palabras es clave. Libra necesita que su trabajo lo estimule intelectual y socialmente y, precisamente porque es sociable, prefiere trabajar en equipo y con otras personas a trabajar solo. El equilibrio y la justicia también son importantes para él, lo que explica que también le resulte atractiva la carrera de derecho, que además le permite presentar sus argumentos de forma racional y objetiva y ponderar cuidadosamente ambas caras de un argumento para garantizar que se haga justicia.

El arte también proporciona satisfacción profesional a Libra, un signo que florece rodeado de objetos bellos. No se limita a las artes visuales, sino que también se puede dedicar a la música, al teatro o a cualquier ámbito en el que el arte se represente, se exhiba o se proteja. Las galerías de arte o los museos, ser agente o promotor artístico o comisario de exposiciones: todo esto atraerá a Libra. Su interés por la creación de belleza puede llevarlo al diseño gráfico o a la moda, o a experiencias que incluyan artes representativas, especialmente la danza.

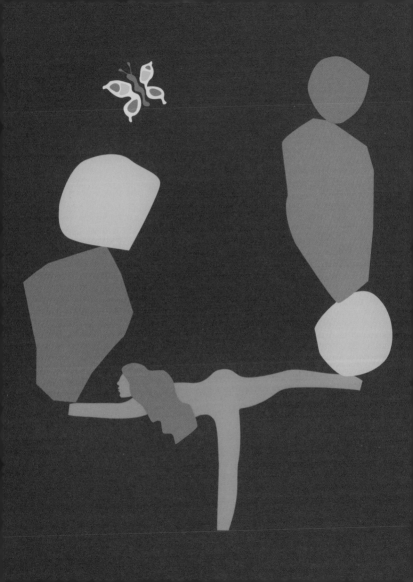

La compatibilidad de Libra

Ya hablemos de amor o de amistad, ¿cómo se lleva Libra con los otros signos? Conocer a otros signos y cómo interactúan entre ellos puede resultar útil a la hora de gestionar relaciones, porque nos ayuda a entender qué características de los signos solares armonizan o chocan entre sí. Si adoptamos un punto de vista astrológico, nos resultará más fácil despersonalizar las posibles fricciones y suavizar lo que parece estar en oposición.

A Libra le resulta muy fácil armonizar las relaciones, por algo es el signo del equilibrio. Sin embargo, las compatibilidades concretas dependerán del resto de influencias planetarias en su carta astral, que matizarán o intensificarán distintos aspectos de las características del signo solar, sobre todo las que, en ocasiones, pueden chocar con otros signos.

La mujer Libra

No siempre es fácil leer a la mujer Libra. Como intenta equilibrar constantemente el intelecto y la emoción, puede dar la impresión de que es una veleta y que hace gestos románticos un instante para cuestionarlos al siguiente. Tiende a cuidar mucho de su aspecto, aspira a estar perfecta de la cabeza a los pies y espera que se la admire y se la elogie por ello.

MUJERES LIBRA DESTACADAS

Aunque Kim Kardashian y Gwyneth Paltrow ocupen extremos opuestos del espectro de Libra en lo que al aspecto físico se refiere, su atención al detalle en la mesa de manicura o sobre la esterilla de yoga es la misma. Serena Williams derrocha elegancia incluso en la cancha de tenis y Bella Hadid encarna siempre lo último en la moda. Susan Sarandon demuestra una y otra vez su elegancia sobre la alfombra roja y para Maribel Verdú no pasan los años.

El hombre Libra

El aspecto del hombre Libra es muy característico: para él, lo importante es la calidad, no la cantidad. Quizás no lleve calcetines, pero sus zapatos serán italianos, sus camisas de lino y sus jerséis de cachemir. Es un hombre que disfruta de las relaciones y, con frecuencia, mantiene más de una simultáneamente hasta que su corazón se decide del todo. Es tan seductor que normalmente lo consigue sin problemas.

Viggo Mortensen, Will Smith y Dan Stevens son Libras sofisticados tanto dentro como fuera de la pantalla, un rasgo que compartía también uno de los James Bond originales, Roger Moore. El talento de Libra se hace evidente también en el carisma de cineastas como Pedro Almodóvar o Guillermo del Toro, y artistas como John Lennon, Ray Charles o Sting.

¿Quién quie

re a quién?

Libra y Aries

La conexión física entre el aire y el fuego prende con rapidez, pero, a pesar de la atracción inicial que despierta la pasión de Aries, la naturaleza más reservada de Libra puede causar fricciones.

Libra y Tauro

La conexión entre estos dos signos es sólida, porque ambos aman el arte y la música y, como están regidos por Venus, valoran los lujos de la vida. A pesar de que también hay una buena conexión sexual, a Libra se le puede acabar haciendo pesado que Tauro siempre tenga los pies firmemente plantados en el suelo.

Libra y Géminis

Esta combinación desenfadada funciona muy bien, porque a estos dos signos de aire les encanta flirtear y, aunque es probable que haya muchas más palabras que acción verdadera (debido a que ambos tienden a la indecisión), al final acabarán seduciéndose mutuamente de camino a la cama.

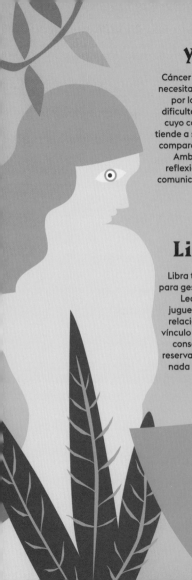

Libra
y Cáncer

Cáncer es un signo de agua que
necesita respuestas emocionales,
por lo que puede presentar
dificultades para el aéreo Libra,
cuyo compromiso con el hogar
tiende a ser bastante superficial en
comparación con el del cangrejo.
Ambas partes necesitarán
reflexionar cuidadosamente y
comunicarse para evitar los malos
entendidos.

Libra y Leo

Libra tiene el tacto suficiente
para gestionar al temperamental
Leo y, como ambos son
juguetones y disfrutan de las
relaciones sociales, forjan un
vínculo instantáneo que pueden
consolidar. Sin embargo, la
reserva de Libra no podrá hacer
nada contra el sensual fuego
del león.

Libra y Virgo

La actitud de Libra puede ser
demasiado desenfadada para el
serio y terrenal Virgo. Aunque la
atracción entre opuestos puede
funcionar al principio, ambos tendrán
que negociar si quieren superar sus
diferencias básicas.

Libra y Escorpio

Al principio, el amor entre estos dos puede ser muy estimulante, pero el proverbial aguijonazo del escorpión puede ser demasiado para el diplomático Libra, cuya actitud ligera y coqueta en relación con el sexo quizás no acabe de encajar con la intensidad sensual de Escorpio.

Libra y Libra

Aunque se reconocen el uno en el otro, no hay mucho que los consolide y puede dar la impresión de que juegan a quererse en lugar de hacerlo de verdad. Cuando se trata de equilibrio, es muy posible que necesiten más de su pareja para poder ir más allá de la atracción inicial.

Libra y Sagitario

El romanticismo es uno de los aspectos clave de esta unión, ya que a Sagitario le cuesta resistirse al intelecto y el encanto de Libra. A su vez, la actitud extrovertida y aventurera del signo de fuego atrae a Libra y lo ayuda a desprenderse de su reserva inicial.

Libra
y Acuario

Estos dos signos de aire tienen
mucho en común, pero lo que
verdaderamente despierta el interés
de Libra es la faceta experimental
de Acuario, que lo abre a ideas y
experiencias nuevas. Forjarán una
relación basada en una amistad sólida
y armoniosa.

Libra y Piscis

A pesar de una intensa conexión
romántica inicial, el sentimentalismo
de Piscis puede irritar al extrovertido
Libra, que necesita relacionarse con
gente y que no siempre es capaz de
asegurar a Piscis que lo quiere de
verdad mientras sale por la puerta.

Libra y
Capricornio

Esta relación puede ser complicada
al principio, cuando puede darse un
choque inmediato si Capricornio no
es capaz de ver más allá del frívolo
exterior de Libra. Sin embargo,
la conexión física puede ser muy
fuerte y el pragmatismo del carnero
puede ayudarlo a superar las
dificultades iniciales.

La escala del amor de Libra

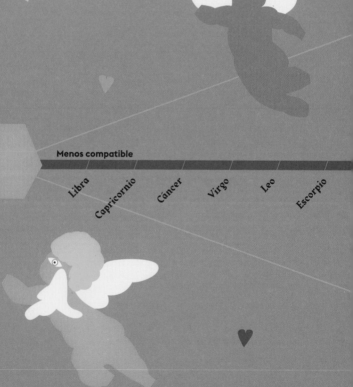

Menos compatible

Libra · Capricornio · Cáncer · Virgo · Leo · Escorpio

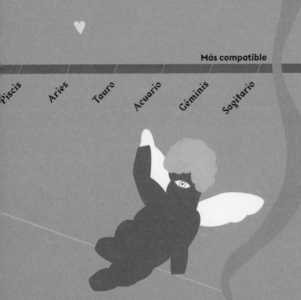

Más compatible

Piscis   Aries   Tauro   Acuario   Géminis   Sagitario

II.

Libra

en profundidad

En esta sección,
profundizaremos en cómo
puede estar impulsándote o
reteniéndote tu signo solar y
empezaremos a pensar en cómo
puedes usar ese conocimiento
para escoger tu camino.

El hogar de Libra

Tiende a estar muy despejado y a contener objetos interesantes y bellos (ya se trate de estanterías de gran calidad o de un cuadro concreto en la pared), cuidadosamente expuestos y listos para ser admirados. Ya procedan de Ikea, estén hechos a medida o hayan sido rescatados de una tienda de antigüedades, los muebles habrán sido elegidos cuidadosamente en función tanto de su aspecto como de la comodidad que ofrezcan. Libra prefiere tener un objeto bonito, como una alfombra tejida a mano o un jarrón de vidrio soplado, que múltiples posesiones anodinas.

Es posible que Libra exprese su anhelo de vivir en un entorno sereno a través de los colores que elije, quizás distintos tonos de azul. El interiorismo y hacer de su hogar un espacio bello, ya se trate de un estudio o de una mansión, es un verdadero placer para Libra, aunque no tanto porque disfrute de su casa como tal, sino porque le permite expresar su estilo personal. En cierto modo, el hogar de Libra no solo pone de manifiesto su deseo interno de equilibrio, sino que también puede expresar parte de ese conflicto interior, por lo que, si quiere que las cosas se hagan, quizás le convenga recurrir a alguien no tan afincado en el terreno de las ideas y más orientado a los detalles prácticos.

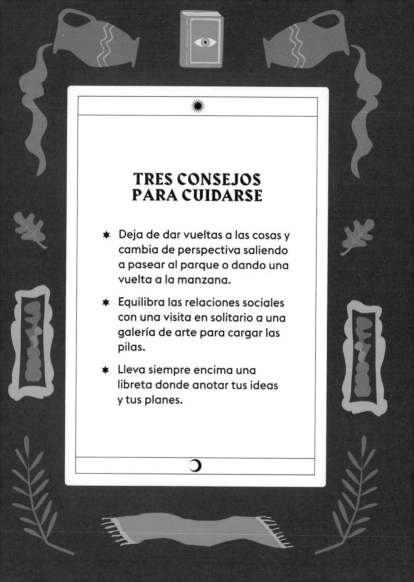

TRES CONSEJOS PARA CUIDARSE

* Deja de dar vueltas a las cosas y cambia de perspectiva saliendo a pasear al parque o dando una vuelta a la manzana.

* Equilibra las relaciones sociales con una visita en solitario a una galería de arte para cargar las pilas.

* Lleva siempre encima una libreta donde anotar tus ideas y tus planes.

Cuidados personales

Cabría pensar que un signo tan dedicado a necesidades que la mayoría consideraría lujos, como las saunas y los masajes, ha de cuidar bien de sí mismo, pero Libra vive tanto en su cabeza que, en ocasiones, se olvida del cuerpo. A veces, Libra pasa por alto la relación que hay entre el cuerpo y la mente y no siempre ve la necesidad de salir a dar un paseo para despejarse, sobre todo cuando se instala en la indecisión. Si no corrige estas situaciones, es muy probable que la indecisión se torne ansiedad y depresión. Aunque Libra pueda pensar que recuperar el equilibrio interno es una cuestión meramente mental, lo cierto es que el ejercicio físico también es enormemente beneficioso en el proceso. Cuando Libra asume esta verdad, equilibrar la salud mental a través de la física le parece más lógico y, por lo tanto, le resulta más fácil. Vale la pena que se acostumbre a realizar alguna forma de ejercicio físico a diario, para equilibrar el exceso de actividad mental en la que queda atrapado en ocasiones.

Libra ama el arte y la música, lo que le ofrece múltiples maneras de revitalizar su espíritu, una cuestión que también es muy importante. A veces ha de pulsar el botón de pausa y desconectar. Así, podrá recuperar el equilibrio, tanto el externo como el interno, lo que mejorará el sueño y su nivel de energía y le permitirá seguir con su ajetreada vida.

TRES IMPRESCINDIBLES
EN LA DESPENSA
DE LIBRA

★ Espelta perlada como cereal
   alternativo que ayuda a
   equilibrar los platos.

★ Pesto de trufa negra para
   dar glamur a unos sencillos
   espagueti.

★ Chocolate artesanal con un
   75 por ciento de contenido
   mínimo de cacao para cocinar
   (y mordisquear).

Libra:
la comida
y la cocina

Cuando Libra se pone el delantal, lo que más le importa no es tanto la comida en sí como la calidad y la presentación de los platos. Aunque disfruta de la comida, el modo en que a Libra le gusta prepararla no tiene nada de aleatorio o de espontáneo. Para Libra, parte del placer de crear un festín para la familia o para los amigos consiste en prepararlo detalladamente y, tal y como sucede con otros signos de aire, la preparación y la planificación de la comida forma parte del atractivo de la misma. ¡La única dificultad es decidir qué cocinar! Sin embargo, aunque al final se decida por un simple huevo duro, será fresco, de gallinas criadas en libertad y cocido a la perfección. Y los picatostes para mojar no provendrán de pan de molde blanco que se ha quedado duro en la bolsa. Si no lo ha horneado él mismo, lo más probable es que se trate de una barra de pan artesanal y de grano integral molido en molino de piedra o de masa fermentada. Los invitados de Libra pueden esperar algo tan sabroso como bien presentado, desde los manteles hasta el emplatado de la comida.

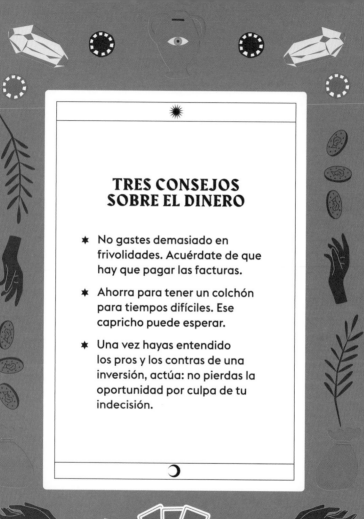

TRES CONSEJOS SOBRE EL DINERO

✷ No gastes demasiado en frivolidades. Acuérdate de que hay que pagar las facturas.

✷ Ahorra para tener un colchón para tiempos difíciles. Ese capricho puede esperar.

✷ Una vez hayas entendido los pros y los contras de una inversión, actúa: no pierdas la oportunidad por culpa de tu indecisión.

Cómo gestiona el dinero Libra

El dinero solo motiva a Libra como medio para comprar lo mejor que se pueda permitir. Sin embargo, y a pesar de que querrá crear un hogar bonito y adquirir objetos, no siempre está dispuesto a esforzarse lo necesario para conseguirlo.

No le gustan los riesgos y tiende a sopesar todos los pros y contras de cualquier negocio. Permanecer en números negros siempre será su opción preferida, y si entra en números rojos suele ser como un medio muy a corto plazo y bien calculado para un fin concreto, no como consecuencia de un gesto extravagante. Esta actitud puede hacer que Libra parezca muy astuto en temas financieros y si invierte en obras de arte será porque realmente le gusta esa pieza, no porque crea que aumentará de valor (aunque es muy probable que lo haga, ya que tiene buen ojo para el arte y su mercado).

Libra
y su jefe

Experto en el arte del tacto, de la diplomacia y de la elocuencia, es muy posible que, cuando su jefe va, haga ya bastante que Libra ha vuelto de allí, pero como su compromiso con la justicia es verdadero, no suele aprovecharse de ello. Por el contrario, el propósito de Libra es hacer que la vida de sus compañeros sea más armoniosa, así que acostumbra a ser el que pone paz. Libra suele ser un empleado popular que disfruta trabajando en equipo, aunque con frecuencia también es el jefe de equipo en el que su superior deposita la confianza.

De todos modos, Libra puede dar problemas si cree que él (o algún compañero) está siendo tratado injustamente. Desdichado el jefe que no promueva la igualdad de género, raza o clase en el lugar de trabajo, por ejemplo, porque Libra será el primero en señalarlo. Y sí, quizás lo haga con tacto, pero también con énfasis y armado con la legislación pertinente. Es en estos casos cuando pone de manifiesto sus habilidades de negociación, lo que lleva a que, con frecuencia, Libra se ofrezca o sea elegido para hablar en nombre de los demás, que reconocen su capacidad para tratar al jefe.

TRES CONSEJOS PARA TRATAR AL JEFE

* Expón los hechos con claridad y evita la tentación de exagerar.

* Acepta que es imposible que la armonía reine en todo momento.

* Respeta su postura: es posible que Libra tenga razón, pero el jefe es el jefe.

TRES CONSEJOS PARA UNA VIDA MÁS FÁCIL

★ Si acordáis un presupuesto, cíñete a lo esencial y no derroches en lujos.

★ En lugar de asumir todas las tareas y enfadarte, plantea un sistema y delega.

★ Recuerda que no a todo el mundo le apetece debatir los pros y los contras de las distintas marcas de detergente.

Vivir con Libra

Es bastante fácil en teoría, pero, en la práctica, vivir en armonía con él puede exigir someterse a sus demandas. Este rasgo no siempre es evidente al principio, porque puede ser encantador y se muestra dispuesto a hablar y a debatir las cosas; sin embargo, sus compañeros o parejas acaban descubriendo que han accedido a hacer lo que Libra quiere aunque solo sea para poner fin a la conversación.

Aunque el hogar no siempre es una prioridad tan importante para Libra, le importa mucho el aspecto que tenga y querrá tener lo mejor que se pueda permitir, a pesar de que no se apega emocionalmente a los objetos. Su gusto personal puede llevarlo a mostrarse quisquilloso con el sitio donde sus compañeros dejan las cosas y desordenar los objetos de decoración que ha dispuesto tan esmeradamente no es muy buena idea. Todo esto puede hacer que compartir su espacio le resulte complicado.

Acostumbra a ser limpio y ordenado y se esforzará en evitar discusiones acerca de a quién le toca poner la lavadora o pasar el aspirador, a veces limitándose a hacerlo él. A pesar de que tiende a evitar el conflicto, si cree que está siendo objeto de una injusticia sacará las uñas y puede haber problemas, aunque lo cierto es que hace falta mucho para llevar a Libra a una confrontación directa.

Libra y las rupturas

Libra es el signo de las asociaciones y puede comprometerse mucho con una relación por la relación misma. A veces sigue aferrado a ella mucho después de que haya dejado de funcionar, porque se compromete tanto con la relación como con la persona. Además, no soporta herir los sentimientos de los demás.

Las rupturas son difíciles para todos, pero, además, Libra siempre querrá entender por qué ha sucedido y los motivos que han llevado a ello. Al igual que otros signos de aire que intentan superar los problemas mediante la razón, Libra acostumbra a intentar entender cómo se siente él (o su pareja), a pesar de que no siempre es posible. Es una lección difícil para Libra, pero algo que debe aprender de las rupturas, independientemente de quién haya roto con quién.

TRES CONSEJOS PARA UNA RUPTURA MÁS FÁCIL

- ✱ Tras la ruptura, no esperes que tu ex quiera discutir los porqués...

- ✱ ... y borra su número de teléfono para evitar la tentación de llamarle.

- ✱ Acepta que, con el tiempo, una ruptura puede abrir otras puertas.

Cómo quiere Libra que le quieran

Venus, la diosa del amor, es la regente de Libra, para quien el romanticismo es primordial. Le encanta conquistar y ser conquistado y, por lo general, se siente mucho más equilibrado cuando está enamorado o en una relación que cuando está solo. A veces, puede dar la impresión de que Libra está enamorado del amor y que disfruta del romanticismo pero pierde de vista la relación (o al menos sus aspectos más tediosos, como sacar la basura). Como es un signo de aire, le encanta hablar del amor, del objeto de su afecto y de cómo quiere y es querido. ¿Va quedando claro? El inconveniente es que cuando se enamora de verdad, a su pareja no siempre le resulta fácil determinar lo comprometido que está en realidad y Libra deberá recordar que «obras son amores y no buenas razones».

A Libra le gusta que lo admiren (o que lo adoren incluso), tanto a distancia como de cerca, en parte porque, a pesar de la facilidad con la que se relaciona con los demás, no siempre es el más seguro de los signos del Zodíaco. Como pide confirmación continuamente, puede parecer que es un signo dependiente, pero no es tanto eso como el hecho de que valorar la situación constantemente puede afectar a su autoestima. Aunque Libra acostumbra a tener buen instinto, a veces le da miedo fiarse del mismo y a veces habla de la relación con su pareja en un esfuerzo para que todo parezca más real, sólido y fiable.

Es algo idealista y tiende a proyectar sus ideales en su pareja, por lo que acaba decepcionado con frecuencia y, en ocasiones, no acaba de conectar con la realidad de la relación. De todos modos, en el fondo es tan vulnerable como el que más en la búsqueda del amor verdadero. No hay que dejarse engañar por las artes de seducción y el brillo de Libra: aunque su reserva genera un aura que parece decir «se mira pero no se toca», cuando encuentra a alguien que le permite bajar la guardia, este signo es una pareja fantástica.

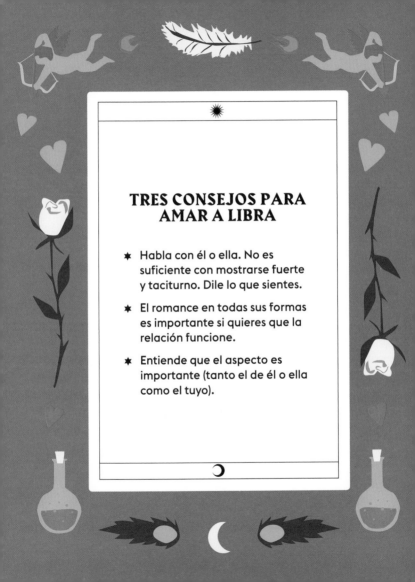

TRES CONSEJOS PARA AMAR A LIBRA

★ Habla con él o ella. No es suficiente con mostrarse fuerte y taciturno. Dile lo que sientes.

★ El romance en todas sus formas es importante si quieres que la relación funcione.

★ Entiende que el aspecto es importante (tanto el de él o ella como el tuyo).

La vida sexual de Libra

Para Libra, el sexo casi nunca se circunscribe al cuerpo, sino que necesita sentir una conexión mental potente, hasta el punto de que incluso hablar de sexo puede resultarle muy excitante. Acostumbra a ser muy creativo en lo que concierne al placer erótico, ya que presta mucha atención a la seducción y a los juegos preliminares. La piel es muy sensible y las caricias y los masajes excitan rápidamente a Libra, sobre todo en la espalda, la región lumbar y las nalgas, que son zonas especialmente erógenas para este signo. Además de recibir placer, a Libra le gusta dárselo a su pareja y observar el placer sexual de su amante. El goce mutuo aumenta el placer erótico de Libra, que es un amante muy generoso.

Sin embargo, necesita sentirse valorado y escuchar palabras de aliento, a las que responde con rapidez. Con frecuencia, Libra puede ser reservado y selectivo, aunque parezca estar muy seguro de sí mismo sexualmente y plantee directamente lo que quiere. Necesita equilibrio, pero la línea es muy sutil y cualquier cosa demasiado basta o agresiva puede apagar su pasión. El romanticismo y el diálogo encienden la atracción sexual para Libra, cuyo fuego se verá alimentado aún más por los halagos y los elogios en el dormitorio.

Quiero

saber

más

Tu signo solar nunca te ofrece la imagen completa. En este apartado, aprenderás a leer los matices de tu carta astral y accederás a otro nivel de conocimientos astrológicos.

Tu carta astral

Tu carta astral es una instantánea de un momento concreto, en un lugar concreto, en el preciso momento de tu nacimiento y, por lo tanto, es absolutamente individual. Es como un plano, un mapa o un certificado de existencia que plantea rasgos e influencias que son posibles, pero que no están escritos en piedra. Es una herramienta simbólica a la que puedes recurrir y que se basa en las posiciones de los planetas en el momento de tu nacimiento. Si no tienes acceso a un astrólogo, ahora cualquiera puede obtener su carta astral en línea en cuestión de minutos (en la p. 108 encontrarás una lista de sitios y de aplicaciones para ello). Incluso si desconoces la hora exacta de tu nacimiento, saber la fecha y el lugar de nacimiento basta para confeccionar las bases de una plantilla útil.

Recuerda que en astrología nada es intrínsecamente bueno ni malo y que no hay tiempos ni predicciones explícitas: se trata más de una cuestión de influencias y de cómo estas pueden afectarnos, ya sea positiva o negativamente. Y si disponemos de cierta información y de herramientas con las que abordar, ver o interpretar nuestras circunstancias y nuestro entorno, tenemos algo con lo que empezar.

Vale la pena que, cuando leas tu carta astral, entiendas todas las herramientas que la astrología pone a tu alcance; no solo los signos astrológicos y lo que cada uno de ellos representa, sino también los 10 planetas que menciona la astrología y sus características individuales, además de las 12 casas y lo que significan. Por separado, estas herramientas ofrecen un interés pasajero, pero cuando empieces a ver cómo encajan las unas con las otras y se yuxtaponen, la imagen global te resultará más accesible y empezarás a desentrañar información que te puede resultar muy útil.

Hablando en términos generales, cada uno de los planetas sugiere un tipo distinto de energía, los signos zodiacales proponen distintas maneras en que esa energía se puede manifestar y las casas representan áreas de experiencia en las que puede operar dicha manifestación.

Lo siguiente que debemos añadir son las posiciones de los signos en cuatro puntos clave: el ascendente y su opuesto, el descendente; y el medio cielo y su opuesto, el fondo del cielo, por no mencionar los distintos aspectos que generan las congregaciones de signos y planetas.

Ahora será posible ver lo sutil que puede llegar a ser la lectura de una carta astral, lo infinita que es su variedad y lo altamente específica que es para cada persona. Con esta información y una comprensión básica del significado simbólico y de las influencias de los signos, los planetas y las casas de tu perfil astrológico único, puedes empezar a usar estas herramientas para que te ayuden a tomar decisiones en distintos aspectos de la vida.

Cómo leer tu carta astral

Si ya tienes tu carta astral, ya sea manuscrita o por un programa en línea, verás un círculo dividido en 12 segmentos, con información agrupada en varios puntos que indican la posición de cada signo zodiacal, en qué segmento aparecen y hasta qué punto. Independientemente de las características relevantes para cada uno, todas las cartas siguen el mismo patrón a la hora de ser interpretadas.

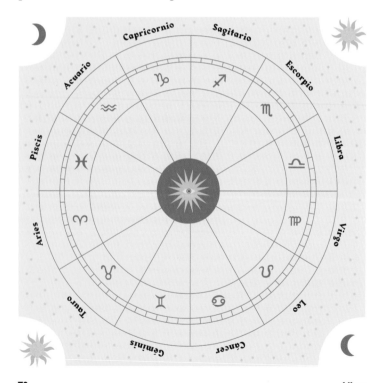

La carta astral se elabora a partir de la hora y el lugar de nacimiento y de la posición de los planetas en ese momento.

Si piensas en la carta astral como en una esfera de reloj, la primera casa (en las pp. 95-99 hablo de las casas astrológicas) empieza en el 9 y se sigue a partir de ahí en sentido antihorario, desde la primera casa hasta la duodécima, pasando por los 12 segmentos de la carta.

El punto inicial, el 9, es también el punto por el que el Sol sale en tu vida y te da el ascendente. Enfrente, en el 3 de la esfera del reloj, encontrarás el signo descendente. El medio cielo (MC) está en el 12 y su opuesto, el fondo del cielo (IC) está en el 6 (más información en las pp. 101-102).

Entender la importancia de las características de los signos zodiacales y de los planetas, de sus energías concretas, de sus ubicaciones y de sus relaciones entre ellos puede ayudarnos a entendernos mejor, tanto a nosotros mismos como a los demás. En nuestra vida cotidiana, la configuración cambiante de los planetas y de sus efectos también se entiende mucho mejor con un conocimiento básico de astrología y lo mismo sucede con las pautas recurrentes que unas veces refuerzan y otras entorpecen oportunidades y posibilidades. Si trabajamos con estas tendencias, en lugar de contra ellas, podemos hacer que nuestra vida sea más fácil y, en última instancia, más exitosa.

El efecto de la Luna

Si tu signo solar representa la conciencia, la fuerza vital y la voluntad individual, la Luna representa la faceta de tu personalidad que tiendes a mantener más oculta, o en secreto. Estamos en el territorio del instinto, de la creatividad y del inconsciente que, en ocasiones, nos llevan a lugares que nos cuesta entender. Esto es lo que otorga tanta sutileza y tantos matices a la personalidad, mucho más allá del signo solar. Es posible que tengas el Sol en Libra y todo lo que eso significa, pero eso puede verse contrarrestado por una Luna muy energética y de espíritu libre en Aries; o quizás tengas el Sol en el efusivo Leo, pero también la Luna en Acuario, con la rebeldía y el desapego emocional que eso supone.

Las fases de la Luna

La Luna orbita alrededor de la Tierra y tarda unos 28 días en dar una vuelta completa. Como vemos más o menos Luna en función de cuánta luz del Sol refleje, nos da la impresión de que crece y decrece. Cuando la Luna es nueva para nosotros, la vemos como un mero filamento. A medida que crece, refleja más luz y pasa de luna creciente a cuarto creciente y de ahí a luna gibosa creciente y a luna llena. Entonces, empieza a decrecer y pasa a gibosa menguante, luego a cuarto menguante, y vuelta a empezar. Todo esto sucede en el transcurso de cuatro semanas. Cuando tenemos dos Lunas llenas en un mes del calendario gregoriano, llamamos Luna azul a la segunda.

Cada mes, la Luna también recorre un signo astrológico, como sabemos por nuestras cartas astrales. Esto nos ofrece más información (una Luna en Escorpio puede ejercer un efecto muy distinto que una Luna en Capricornio) y, en función de nuestra carta astral, ejercerá una influencia distinta cada mes. Por ejemplo, si la Luna en tu carta astral está en Virgo, cuando la Luna astronómica entre en Virgo ejercerá una influencia adicional. Para más información, consulta las características de los signos (pp. 12-17).

El ciclo de la Luna tiene un efecto energético que podemos ver con claridad en las mareas oceánicas. Astrológicamente, como la Luna es un símbolo de fertilidad y, además, sintoniza con nuestra faceta psicológica más profunda, podemos usarla para centrarnos con mayor profundidad y creatividad en los aspectos de la vida que sean más importantes para nosotros.

Los eclipses

Hablando en términos generales, un eclipse ocurre cuando la luz de un cuerpo celeste queda tapada por otro. En términos astrológicos, esto dependerá de dónde estén el Sol y la Luna en relación con otros planetas en el momento del eclipse. Por lo tanto, si un eclipse solar está en la constelación de Géminis, ejercerá una influencia mayor sobre el Géminis zodiacal.

Que un área de nuestras vidas quede iluminada u oculta nos invita a que le prestemos atención. Los eclipses acostumbran a tener que ver con los principios y los finales y, por eso, nuestros antepasados los consideraban acontecimientos portentosos, señales importantes a las que había que hacer caso. Podemos saber con antelación cuándo ha de ocurrir un eclipse y están cartografiados astronómicamente; por lo tanto, podemos evaluar con antelación su significado astrológico y actuar en consecuencia.

Los 10 planetas

En términos astrológicos (no astronómicos, porque el Sol es en realidad una estrella), hablamos de 10 planetas y cada signo astrológico tiene un planeta regente. Mercurio, Venus y Marte rigen dos signos cada uno. Las características de cada planeta describen las influencias que pueden afectar a cada signo y toda esa información contribuye a la interpretación de la carta astral.

La Luna

Este signo es el principio opuesto del Sol, con el que forma una díada, y simboliza lo femenino, la contención y la receptividad, la conducta más instintiva y emotiva.

Rige el signo de Cáncer.

El Sol

El Sol representa lo masculino y simboliza la energía que da vida, lo que sugiere una energía paterna en la carta astral. También simboliza nuestra identidad, o ser esencial, y nuestro propósito vital.

Rige el signo de Leo.

Mercurio

Mercurio es el planeta de la comunicación y simboliza la necesidad de dar sentido, entender y comunicar nuestros pensamientos mediante palabras.

Rige los signos de Géminis y Virgo.

Venus

El planeta del amor tiene que ver con
la atracción, la conexión y el placer,
y en la carta de una mujer simboliza
su estilo de feminidad, mientras que
en la de un hombre representa a su
pareja ideal.

Rige los signos de Tauro y Libra.

Marte

Este planeta simboliza la energía
pura (por algo Marte era el dios de la
guerra), pero también nos dice en qué
áreas podemos ser más asertivos o
agresivos y asumir riesgos.

Rige los signos de Aries y Escorpio.

Saturno

En ocasiones, Saturno recibe el
nombre de maestro sabio. Simboliza
las lecciones aprendidas y las
limitaciones, y nos muestra el valor
de la determinación, la tenacidad y la
fortaleza emocional.

Rige el signo de Capricornio.

Júpiter

Júpiter es el planeta más grande de
nuestro sistema solar y simboliza la
abundancia y la benevolencia, todo
lo que es expansivo y jovial. Al igual
que el signo que rige, también
tiene que ver con alejarse de casa en
viajes y misiones de exploración.

Rige el signo de Sagitario.

Urano

Este planeta simboliza lo inesperado,
ideas nuevas e innovación, además de
la necesidad de romper con lo viejo y
recibir lo nuevo. Como inconveniente,
puede indicar una dificultad para
encajar y la sensación derivada de
aislamiento.

Rige el signo de Acuario.

Plutón

Alineado con Hades (*Pluto*, en latín),
el dios del inframundo o de la muerte,
este planeta ejerce una fuerza muy
potente que subyace a la superficie y
que, en su forma más negativa, puede
representar una conducta obsesiva y
compulsiva.

Rige el signo de Escorpio.

Neptuno

Asociado al mar, trata de lo que
hay bajo la superficie, bajo el
agua y a tanta profundidad que
no podemos verlo con claridad.
Sensible, intuitivo y artístico, también
simboliza la capacidad de amar
incondicionalmente, de perdonar
y olvidar.

Rige el signo de Piscis.

Los cuatro elementos

Si agrupamos los doce signos astrológicos según los cuatro elementos de tierra, fuego, aire y agua, accedemos a más información que, esta vez, nos remonta a la medicina de la antigua Grecia, cuando se creía que el cuerpo estaba compuesto por cuatro fluidos o «humores» corporales. Estos cuatro humores (sangre, bilis amarilla, bilis negra y flema) se correspondían con los cuatro temperamentos (sanguíneo, colérico, melancólico y flemático), las cuatro estaciones del año (primavera, verano, otoño e invierno) y los cuatro elementos (aire, fuego, tierra y agua).

Si las relacionamos con la astrología, estas cualidades simbólicas iluminan más las características de los distintos signos. Carl Jung también las usó en su psicología y aún decimos de las personas que son terrenales, ardientes, aéreas o escurridizas en su actitud ante la vida, mientas que a veces decimos que alguien «está en su elemento». En astrología, decimos que los signos solares que comparten un mismo elemento son afines, es decir, que se entienden bien.

Al igual que sucede con todos los aspectos de la astrología, siempre hay una cara y una cruz, y conocer la «cara oscura» nos puede ayudar a conocernos mejor y a determinar qué podemos hacer para mejorarla o equilibrarla, sobre todo en nuestras relaciones con los demás.

Aire

GÉMINIS ✴ LIBRA ✴ ACUARIO

Estos signos destacan en el terreno de las ideas. Son perceptivos, visionarios y capaces de ver la imagen general y cuentan con una cualidad muy reflexiva que los ayuda a destensar situaciones. Sin embargo, demasiado aire puede disipar las intenciones, por lo que Géminis puede ser indeciso, Libra tiende a sentarse a mirar desde la barrera y Acuario puede desentenderse de la situación.

Fuego

ARIES ✴ LEO ✴ SAGITARIO

Estos signos despiden calidez y energía y se caracterizan por una actitud positiva, una espontaneidad y un entusiasmo que pueden ser muy inspiradores y motivadores para los demás. La otra cara de la moneda es que Aries tiende a precipitarse, Leo puede necesitar ser el centro de atención y Sagitario puede tender a hablar mucho y actuar poco.

Tierra

TAURO ✳ VIRGO ✳ CAPRICORNIO

Estos signos se caracterizan
por disfrutar de los placeres
sensuales, como la comida y
otras satisfacciones físicas,
y les gusta tener los pies en
el suelo, por lo que prefieren
basar sus ideas en hechos. El
inconveniente es que Tauro
puede parecer testarudo, Virgo
puede ser un tiquismiquis y
Capricornio puede tender
a un conservadurismo
empedernido.

Agua

CÁNCER ✳ ESCORPIO ✳ PISCIS

Los signos de agua son muy
sensibles al entorno, como
el vaivén de la marea, y
pueden ser muy perceptivos
e intuitivos, a veces hasta
niveles asombrosos, gracias a
su sensibilidad. La otra cara
de la moneda es que tienden a
sentirse abrumados y Cáncer
puede tender tanto a la
tenacidad como a protegerse
a sí mismo, Piscis parecerse a
un camaleón en su manera de
prestar atención y Escorpio
ser impredecible e intenso.

Signos mutables, fijos y cardinales

Además de clasificarlos según los cuatro elementos, también podemos agrupar los signos en función de las tres maneras en las que sus energías pueden actuar o reaccionar. Así, las características específicas de cada signo adquieren más profundidad.

Cardinales

ARIES ✳ CÁNCER ✳ LIBRA ✳ CAPRICORNIO

Son signos de acción, con una energía que toma la iniciativa y hace que las cosas comiencen. Aries tiene la visión; Cáncer, la emoción; Libra, los contactos, y Capricornio, la estrategia.

Fijos

Más lentos, pero también más tenaces, estos signos trabajan para desarrollar y mantener las iniciativas que han lanzado los signos cardinales. Tauro ofrece consuelo físico; Leo, lealtad; Escorpio, apoyo emocional, y Acuario, buenos consejos. Podemos confiar en los signos fijos, aunque tienden a resistirse al cambio.

Mutables

GÉMINIS ✴ VIRGO ✴ SAGITARIO ✴ PISCIS

Son signos capaces de amoldarse a ideas, lugares y personas nuevos, tienen una capacidad única para adaptarse a su entorno. Géminis tiene una gran agilidad mental; Virgo es práctico y versátil; Sagitario visualiza las posibilidades, y Piscis es sensible al cambio.

Las 12 casas

La carta astral se divide en 12 casas, que representan otras tantas áreas y funciones en la vida. Cuando nos dicen que tenemos algo en una casa específica, como por ejemplo Libra (equilibrio) en la quinta casa (creatividad y sexo), podemos interpretar de un modo determinado las influencias que pueden surgir y que son específicas a la forma en que podemos abordar ese aspecto de nuestra vida.

Cada casa se asocia a un signo solar y, por lo tanto, cada una representa algunas de las características de ese signo, del que decimos que es su regente natural.

Se considera que tres de estas casas son místicas y tienen que ver con nuestro mundo interior, o psíquico: la cuarta (hogar), la octava (muerte y regeneración) y la duodécima (secretos).

1.ª casa

LA IDENTIDAD

REGIDA POR ARIES

Esta casa simboliza la personalidad: tú, quién eres y cómo te representas, qué te gusta y qué no, y tu manera de entender la vida. También representa cómo te ves y lo que quieres de la vida.

2.ª casa

LOS RECURSOS

REGIDA POR TAURO

La segunda casa simboliza tus recursos personales, lo que posees, incluido el dinero, y cómo te ganas la vida y adquieres tus ingresos. También tu seguridad material y las cosas físicas que llevas contigo a medida que avanzas por la vida.

3.ª casa

LA COMUNICACIÓN

REGIDA POR GÉMINIS

Esta casa habla de la comunicación y de la actitud mental y, sobre todo, de cómo te expresas. También de cómo encajas en tu familia y de cómo te desplazas a la escuela o al trabajo e incluye cómo piensas, hablas, escribes y aprendes.

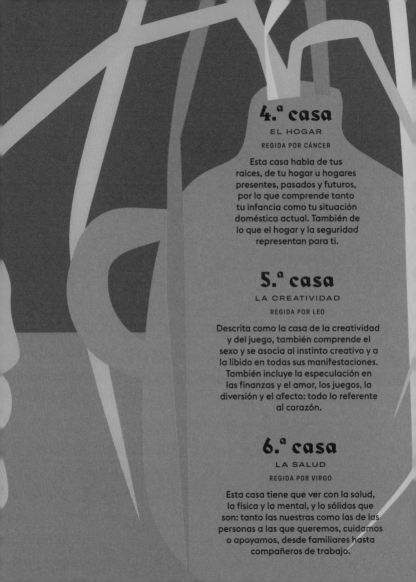

4.ª casa

EL HOGAR

REGIDA POR CÁNCER

Esta casa habla de tus raíces, de tu hogar u hogares presentes, pasados y futuros, por lo que comprende tanto tu infancia como tu situación doméstica actual. También de lo que el hogar y la seguridad representan para ti.

5.ª casa

LA CREATIVIDAD

REGIDA POR LEO

Descrita como la casa de la creatividad y del juego, también comprende el sexo y se asocia al instinto creativo y a la libido en todas sus manifestaciones. También incluye la especulación en las finanzas y el amor, los juegos, la diversión y el afecto: todo lo referente al corazón.

6.ª casa

LA SALUD

REGIDA POR VIRGO

Esta casa tiene que ver con la salud, la física y la mental, y lo sólidas que son: tanto las nuestras como las de las personas a las que queremos, cuidamos o apoyamos, desde familiares hasta compañeros de trabajo.

7.ª casa

LAS RELACIONES

REGIDA POR LIBRA

Esta casa, opuesta a la primera, refleja los objetivos
compartidos y las relaciones íntimas, tu elección de pareja y
lo exitosas que pueden ser las relaciones. También refleja las
asociaciones y los adversarios en tu mundo profesional.

8.ª casa

LA REGENERACIÓN Y LA MUERTE

REGIDA POR ESCORPIO

Entiende «muerte» como regeneración o transformación
espiritual: esta casa también representa los legados y lo
que heredas después de la muerte, tanto en rasgos de
personalidad como materialmente hablando. Y como la
regeneración necesita sexo, esta casa también es
la del sexo y las emociones sexuales.

9.ª casa

LOS VIAJES

REGIDA POR SAGITARIO

Esta es la casa de los viajes a larga distancia y de la exploración,
así como de la apertura de mente que el viaje puede traer
consigo y de cómo se expresa. También refleja la difusión
de ideas, que puede traducirse en esfuerzos literarios
o de publicación.

11.ª casa

LAS AMISTADES

REGIDA POR ACUARIO

La undécima casa representa los grupos de amistades y de conocidos, la visión y las ideas. No trata de la gratificación inmediata, sino de los sueños a largo plazo y de cómo estos se pueden hacer realidad si somos capaces de trabajar en armonía con los demás.

12.ª casa

LOS SECRETOS

REGIDA POR PISCIS

Se la considera la casa más espiritual y es también la del inconsciente, los secretos y lo que puede estar oculto; es el metafórico esqueleto en el armario. También refleja las maneras encubiertas en que podemos sabotearnos a nosotros mismos y bloquear nuestro propio esfuerzo negándonos a explorarlo.

10.ª casa

LAS ASPIRACIONES

REGIDA POR CAPRICORNIO

Representa nuestras aspiraciones y nuestro estatus social, cuán arriba (o no) deseamos estar socialmente, nuestra vocación y nuestra imagen pública y lo que nos gustaría conseguir en la vida mediante nuestro propio esfuerzo.

El
ascendente

El ascendente es el signo del Zodíaco que aparece en el horizonte justo al alba del día en que nacemos y depende del lugar y de la hora de nacimiento. Por eso, cuando hablamos de astrología resulta útil conocer la hora de nacimiento, porque el ascendente ofrece mucha información acerca de los aspectos de tu personalidad que son más evidentes, de cómo te presentas y de cómo te perciben los demás. Por lo tanto, aunque tu signo solar sea Libra, si tienes ascendente Cáncer es posible que se te perciba como a una persona con instinto maternal, con un compromiso significativo con la vida doméstica, en un sentido o en otro. Conocer tu ascendente (o el de otra persona) te puede ayudar a entender por qué da la impresión de que no hay una relación directa entre la personalidad y el signo solar.

Si sabes la hora y el lugar en que naciste, calcular el ascendente con una herramienta en línea o una aplicación es muy fácil (p. 108). Pregúntale a tu madre o a algún familiar o consulta tu partida de nacimiento. Si la carta astral fuera una esfera de reloj, el ascendente estaría en el 9.

El descendente

El descendente nos da una indicación de un posible compañero de vida, a partir de la idea de que los opuestos se atraen. Una vez conocido el ascendente, calcular el descendente es muy sencillo, porque siempre está a seis signos de distancia. Así, si tu ascendente es Virgo, tu descendente es Piscis. Si la carta astral fuera una esfera de reloj, el descendente estaría en el 3.

El medio cielo (MC)

La carta astral también indica la posición del medio cielo (del latín *medium coeli*), que refleja tu actitud hacia el trabajo, la carrera profesional y tu situación profesional. Si la carta astral fuera una esfera de reloj, el MC estaría en el 12.

El fondo de cielo (IC)

Para terminar, el fondo de cielo (o IC, por el latín *imum coeli*, que alude a la parte inferior del cielo), refleja tu actitud hacia el hogar y la familia y también tiene que ver con el final de tu vida. Tu IC está enfrente de tu MC. Por ejemplo, si tu MC es Acuario, tu IC será Leo. Si la carta astral fuera una esfera de reloj, el IC estaría en el 6.

El retorno de Saturno

Saturno es uno de los planetas más lentos y tarda unos 28 años en completar su órbita alrededor del Sol y regresar al lugar que ocupaba cuando naciste. Este regreso puede durar entre dos y tres años y es muy evidente en el periodo previo al trigésimo y el sexagésimo aniversarios, a los que acostumbramos a considerar cumpleaños importantes.

Como en ocasiones la energía de Saturno puede resultar muy exigente, no siempre son periodos fáciles en la vida. Saturno es un maestro sabio o un supervisor estricto y algunos consideran que el efecto de Saturno es «cruel para ser amable», al igual que los buenos maestros, y nos mantiene en el camino como un entrenador personal riguroso.

Cada uno experimenta el retorno de Saturno en función de sus circunstancias personales, pero es un buen momento para recapacitar, abandonar lo que ya no nos sirve y reconsiderar nuestras expectativas, al tiempo que asumimos con firmeza qué nos gustaría añadir a nuestra vida. Por lo tanto, si estás pasando, o a punto de pasar, por este evento vital, recíbelo con los brazos abiertos y aprovéchalo, porque lo que aprendas ahora (acerca de ti mismo, fundamentalmente) te será muy útil, por turbulento que pueda llegar a ser, y puede rendir dividendos en cómo gestionas tu vida durante los próximos 28 años.

La retrogradación de Mercurio

Incluso las personas a quienes la astrología no interesa demasiado se dan cuenta de cuándo Mercurio se encuentra retrógrado. Astrológicamente, la retrogradación es un periodo en el que los planetas están estacionarios pero, como nosotros seguimos avanzando, da la impresión de que retroceden. Antes y después de cada retrogradación hay un periodo de sombra en el que podríamos decir que Mercurio ralentiza o acelera su movimiento y que también puede ser turbulento. En términos generales, se aconseja no tomar ninguna decisión relativa a la comunicación durante una retrogradación y, si se acaba tomando, hay que tener en cuenta que es muy posible que no sea la definitiva.

Como Mercurio es el planeta de la comunicación, es fácil entender por qué preocupa su retrogradación y la relación de esta con los fracasos comunicativos (ya sean del tipo más tradicional, como cuando enviábamos una carta y se perdía, o la variedad más moderna, como cuando el ordenador se cuelga y nos causa problemas).

La retrogradación de Mercurio también puede afectar a los viajes, por ejemplo con retrasos en los vuelos o los trenes, atascos de tráfico o accidentes. Mercurio también influye en las comunicaciones personales –escuchar, hablar, ser escuchado (o no)– y puede provocar confusión y discusiones. También pude afectar a acuerdos más formales, como contratos de compraventa.

Estos periodos retrógrados ocurren tres o cuatro veces al año y duran unas tres semanas, con un periodo de sombra antes y después. En función de cuándo sucedan, coincidirán con un signo astrológico específico. Si, por ejemplo, ocurre entre el 25 de octubre y el 15 de noviembre, su efecto tendrá que ver con las características de Escorpio. Por otro lado, las personas cuyo signo solar sea Escorpio o que tengan a Escorpio en lugares importantes de su carta, experimentarán un efecto más intenso.

Es fácil encontrar las fechas de retrogradación de Mercurio en tablas astrológicas, o efemérides, y en línea: se pueden usar para evitar planificar en esas fechas eventos que se pudieran ver afectados. Para saber cómo la retrogradación de Mercurio te puede afectar más personalmente, necesitas conocer bien tu carta astral y entender las combinaciones más específicas de los signos y los planetas en la misma.

Si quieres superar con más tranquilidad una retrogradación de Mercurio, has de tener presente la probabilidad de que surjan problemas, así que, en lo posible, prevé que habrá algún retraso y comprueba los detalles un par de veces o tres. No pierdas la actitud positiva si algo que esperabas se pospone y entiende este periodo como una oportunidad para hacer una pausa, repasar y reconsiderar ideas tanto en tu vida personal como en la profesional. Aprovecha el tiempo para corregir errores o reajustar planes, para estar preparado cuando la energía se desbloquee y todo pueda fluir con más facilidad.

Agradecimientos

Quiero transmitir un agradecimiento especial a mi fiel equipo de Tauros. En primer lugar, a Kate Pollard, directora editorial, por su pasión por los libros maravillosos y por haber encargado esta colección. Y a Bex Fitzsimons, por su edición tan benévola como meticulosa. Y, finalmente, a Evi O. Studio, cuyo talento dibujando e ilustrando han producido estas pequeñas obras de arte. Con un equipo tan lleno de estrellas, estos libros no pueden más que brillar. Y os doy las gracias por eso.

Acerca de la autora

Stella Andromeda estudia astrología desde hace
más de treinta años y está convencida de la
utilidad de conocer las constelaciones celestes
y sus posibles interpretaciones psicológicas. La
traducción de sus estudios en libros ofrece una
visión moderna y accesible de la antigua sabiduría
de las estrellas, que transmite su firme convicción
de que la reflexión y el autoconocimiento
nos hacen más fuertes. Con su sol en Tauro,
ascendente Acuario y Luna en Cáncer, utiliza la
tierra, el aire y el agua para inspirar su
viaje astrológico personal.

La edición original de esta obra ha sido publicada en
el Reino Unido en 2019 por Hardie Grant Books, sello editorial
de Hardie Grant Publishing, con el título

Libra: A Guide To Living Your Best Astrological Life

Traducción del inglés
Montserrat Asensio

Impreso en China
Depósito legal: B 24044-2019
Código Thema: VXFA1

ISBN 978-84-16407-77-4